Maria Theresia Bitterli e Dawio Bordoli

ISHVARA

I 21 Mandala dell'Amore:

La via della felicità

Prima e d izione 2021

© 2021, Ishvara Holistic Center

Dipinti di Maria Theresia Bitterli

Testi di Maria Theresia Bitterli e Dawio Bordoli

mtbitterli@hotmail.com

Herstellung und Verlag: BoD – Books on
Demand, Norderstedt
ISBN: 9783754320990

Sommario

La via verso la realizzazione della felicità

Cos'è la felicità? Forse è più facile dire che cosa non è la felicità. La maggior parte di noi conosce solo la felicità terrestre, cioè materiale. Avere una bella casa, macchina dei sogni, fare delle vacanze magiche, un/a compagno/a meraviglioso/a, vestirsi alla moda, avere successo, soldi, fama, riconoscimento, il potere in ogni sua forma. Non si è mai contenti di ciò che si ha poiché siamo già proiettati a voler ottenere ancora di più. Eppure non siamo mai veramente felici. Crediamo che, avendo sempre di più, possiamo raggiungere la felicità. Siamo comunque d'accordo che non è la ricchezza materiale a renderci più felici. Nonostante il benessere economico, sono in aumento le persone depresse e i suicidi. E questo perché? Che cosa manca? Manca il benessere interiore. Senza di questo, nessuna ricchezza al mondo potrà mai darci la vera felicità. Questo però non significa dover rinunciare al benessere economico. Senza di esso, saremo meno liberi di fare quello che desideriamo, saremo più limitati. La ricchezza economica potrebbe addirittura aiutarci a seguire maggiormente una via spirituale di autoconoscenza per essere sempre più liberi dai vincoli del passato. Essere veramente e completamente felici significa non essere attaccati né al benessere materiale né a qualsiasi altro tipo di attaccamento. Qual è allora l'essenza della vita? Di che cosa abbiamo veramente bisogno per vivere?

1. Abbandoniamoci all'Assoluto

Che noi abbiamo fiducia o meno in noi stessi o negli altri, dipenderà sempre da noi. Ogni volta che ci manca il coraggio di andare avanti, fermiamoci e riflettiamo. Ciò che ci spaventa, è una nostra proiezione, cioè una memoria del passato che ci fa solo da specchio. Che cosa ci racconta quest'immagine? Affrontiamola, qualsiasi essa sia. Lasciamo che ci racconti la nostra storia e miglioriamo ciò che possiamo.

2. Amiamo liberamente

Amare liberamente qualcuno, senza che vogliamo essere padroni della sua vita, non è da tutti. Dal momento che facciamo l'amore, sentiamo di avere un certo diritto di possedere o comandare l'altro. Quando entriamo in contatto con l'amore, dovremmo invece avere un'attitudine come se nulla sia dato per scontato; tutto è in continuo cambiamento e niente ci appartiene. L'amore non può che essere libero. Amare liberamente è volare verso l'ignoto, oltre l'orizzonte dettato dai nostri condizionamenti.

3. Abbiamo cura di noi stessi e degli altri

Prendersi cura del corpo, della mente e dello spirito è indispensabile per una vita lunga e sana e questo è possibile con lo Yoga. Una volta trovato l'equilibrio di questi tre aspetti, siamo pronti per una relazione sana. In due si diventa più forti, ma bisogna sempre essere flessibili, tolleranti e comprensivi uno verso l'altro per trovare continuamente e in modo durevole un equilibrio armonioso e costruttivo.

4. Siamo presenti a noi stessi nel qui e ora

Siamo continuamente proiettati nel passato o nel futuro e mai concentrati o presenti nel momento attuale. La memoria, che è pensiero, ci condiziona e ci tiene in scacco. Che cosa possiamo fare per uscire da questa gabbia? Mettere l'attenzione nel qui e ora, rimanendo seduti o in movimento, iniziando a concentrarci sul respiro, sulla fiamma di una candela, o sul terz'occhio oppure ripetendo ad alta voce (anche cantando) o mentalmente un mantra, ci potrà essere di conforto.

5. Se mancano l'interesse, la motivazione e la voglia di fare allora è giunto il momento di cambiare strada

Ci vuole coraggio per cambiare dal momento che non sentiamo più nessuna motivazione in ciò che stiamo facendo o vivendo. Spesso ci sediamo sugli allori perché è comodo e in un certo senso ci dà sicurezza ma nel profondo sappiamo che dovremmo cambiare, prendere il volo e lasciare indietro tutto ciò che non ci soddisfa più. Se vogliamo che la nostra vita diventi di nuovo gioiosa, dovremmo buttarci in una nuova avventura e lasciarci guidare dal nostro intuito, dal buon senso e vedremo che la vita ci sorriderà di nuovo.

6. Apprezziamo quello che facciamo ogni giorno nella nostra quotidianità

Un modo di essere grati di questo magnifico sogno che è la nostra vita è quello di apprezzarne ogni singola goccia, questo è il nettare divino. Il segreto della felicità sta nel saper valorizzare ogni piccolo gesto e piccola cosa nell'altra/o. È così che la nostra vita relazionale diventa un magnifico viaggio.

7. Affrontiamo ogni esperienza un passo alla volta, momento per momento

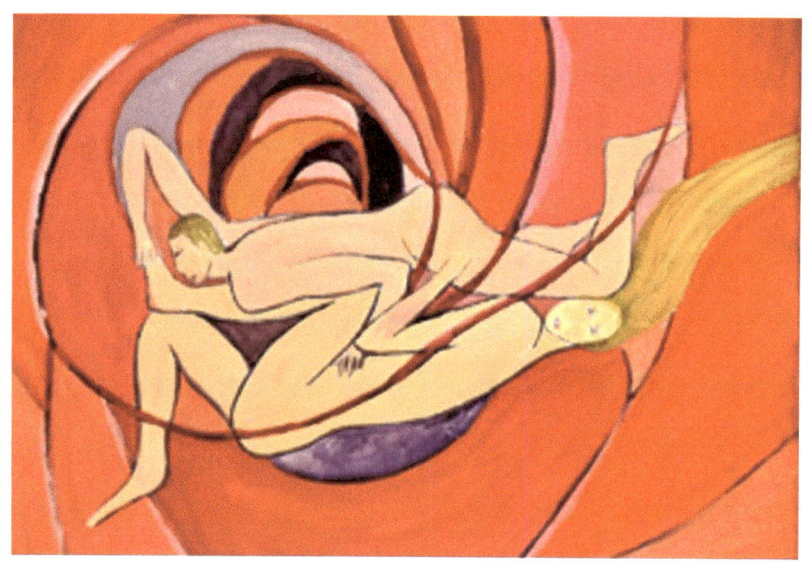

Ogni esperienza è vissuta nel momento in cui accade, nel qui e ora, con il proprio bagaglio di consapevolezza. Tutto è perfetto così com'è, niente è perso, nulla è sbagliato perché tutto è parte del piano divino. Ogni anima sceglie le proprie esperienze per adempiere la missione della vita.

8. Puntiamo il focus su obiettivi come risolvere al meglio i nostri disagi

L'energia va lì dove mettiamo la nostra attenzione. Dal momento che ci focalizziamo sulle nostre paure e preoccupazioni, troveremo nient'altro che disagi e infelicità. Per trovare la nostra felicità dovremmo muoverci con fede e convinzione nella direzione giusta. Le nostre convinzioni si specchieranno nel nostro mondo. Mettendo il focus in ciò che ci rende più felici, i disagi si dissolveranno come una bolla di sapone.

9. Impariamo a usare il nostro sano senso critico

Impariamo a non essere alla mercé degli altri, a non lasciarci fuorviare dal nostro cammino ma usiamo il nostro sano senso critico che ci aiuterà a discernere. Come sviluppare il senso critico senza perdere la spontaneità? Semplicemente siamo presenti nel qui e ora, ascoltiamo i segnali che ci trasmettono il nostro corpo e la nostra mente. Se abbiamo dei dubbi, aspettiamo e fermiamoci. Facciamo un bel respiro profondo e rilassiamoci. Cerchiamo di avere fede nelle nostre percezioni e intuizioni e non facciamoci strumentalizzare da nessuno. Facciamo solo ciò che ci trasmette serenità e pace. Cerchiamo di non avere fretta o paura solo perché crediamo di perdere qualcosa o qualcuno. Le cose belle e giuste arrivano in modo naturale e hanno bisogno di fiorire nel tempo per dare i loro frutti.

10. Usiamo con riguardo l'ironia e il sarcasmo, non prendiamo tutto sempre troppo sul serio e sul personale

Saper ridere di noi stessi è una grande arte. Perché è così difficile sorridere alla vita? Spesso siamo troppo seri e ci mettiamo al centro di tutto e non capiamo che c'è un multiverso intorno a noi. C'identifichiamo con il nostro minuscolo ego. Questo punto di vista ci fa soffrire perché c'isola dagli altri e dall'ambiente circostante. Impariamo a vedere l'ambiente attorno a noi come un essere vivente con il quale interagiamo poiché siamo connessi. Così impareremo a non prendercela più se qualcuno ci aggredisce o non è interessato a noi perché saremo più comprensivi, empatici, meno egocentrici e più umili. Affronteremo la vita in modo più ironico e con più leggerezza.

Sorrideremo di più e saremo più disposti a collaborare con gli altri. L'unione fa la forza.

11. Saper gestire le critiche degli altri

Dal momento che interagiamo con gli altri si attiva automaticamente in tutti il senso critico e anche se siamo comprensivi e tolleranti tendiamo a cadere nella trappola del pregiudizio. Se partiamo dal presupposto che tutti noi abbiamo un critico interiore per proteggere la nostra vulnerabilità antica, riusciremo a gestire qualsiasi critica perché siamo consapevoli del fatto che è un meccanismo naturale di autodifesa dell'essere umano e per questo non va giudicato. È il pregiudizio che dovrà essere dissolto grazie alla comprensione della sua natura. Ogni pregiudizio affonda le sue radici nell'ignoranza. Prima di giudicare qualsiasi cosa, la si dovrebbe conoscere bene. Solo così troveremo più armonia e pace dentro e fuori di noi.

12. Lasciamo andare le paure

Le nostre scelte e decisioni sono spesso guidate dalle nostre paure. Da dove vengono le paure? Tutti abbiamo l'istinto di sopravvivenza e quando si presenta un pericolo abbiamo paura e cerchiamo una via di fuga. Ma c'è anche una paura che nasce dalle nostre esperienze negative del passato, traumi vissuti e non elaborati che emergono ogni volta che si presenta un'analoga situazione. Se la paura viene estremizzata e resa eccessivamente intensa, diventando ansia, fobia o panico, perde la sua funzione fondamentale (di sopravvivenza) e si trasforma in sintomo psicopatologico. Come liberarcene? Innanzitutto, diventandone consapevoli nel momento in cui si presenta. Prendiamo un profondo respiro, tratteniamo l'aria per qualche secondo (ciò ci permetterà di rilassarci maggiormente), espiriamo dalla bocca immaginando di fare uscire anche le nostre paure. Ripetiamo l'esercizio fino a quando avremo il controllo delle nostre emozioni.

13. Usiamo la facoltà di fare scelte e prendere decisioni giuste

Quando siamo in una situazione nella quale non riusciamo a prendere una decisione importante, ci troviamo in un limbo e questo ci blocca, qualcosa rimane in sospeso e non riusciamo ad andare avanti. Ciò ci rende molto infelici. In questo caso è consigliabile attendere e semplicemente muoverci fisicamente, fare una passeggiata, fare dello sport o dello yoga, oppure qualsiasi cosa che ci metta in moto in qualche modo. Una volta scaricata la tensione fisica saremo pronti ad affrontare quella psicologica, iniziando a capire qual è la cosa più importante nella nostra vita e indirizzare così tutte quante le nostre energie per realizzare i nostri sogni. Dal momento che capiremo in quale direzione vorremo andare, sapremo quali decisioni prendere.

14. Come capire che la strada che stiamo percorrendo è quella giusta

Nella vita incontriamo, di volta in volta, delle situazioni che ci mettono profondamente alla prova e ci richiedono un lungo tempo di riflessione prima di poter prendere una decisione perché sappiamo che, una volta deciso, non si torna più indietro e niente è più come prima. Ogni scelta determina il nostro destino ma ogni sfida può essere altrettanto una grande opportunità. È proprio la strada più ardua che potrebbe essere quella giusta perché ci fa crescere e dalla quale potremmo imparare molto di più. Noi percorriamo spesso e volentieri la via più facile. Siamo esseri abitudinari e per cambiare una routine ci vuole tanto coraggio e forza di volontà che purtroppo nella maggior parte di noi manca. Scegliere la via giusta significa ascoltare il proprio cuore, il richiamo dell'anima che è assenza di qualsiasi paura. È avere una profonda fede che tutto ciò che accade è volontà divina, sappiamo che ci possiamo abbandonare perché tutto ciò che è, è giusto così ed è per il nostro bene. Niente è perso e nulla è inutile. Tutto ha una ragione d'essere e un senso anche se, al momento attuale, non lo conosciamo.

15. Come stabilire le priorità

Facciamo in modo che quello che conta davvero guidi la nostra vita. Una volta individuato quello che conta davvero, continuiamo a chiederci che cosa importa di più, finché ci resterà una cosa soltanto. Tale cosa prenderà il primo posto nella nostra vita. Se crediamo che le cose non hanno tutte la stessa importanza, dobbiamo agire di conseguenza. Non possiamo cadere vittima del principio che tutto va fatto. Non tutte le cose hanno la stessa importanza. Non dobbiamo concentrarci sulle cose da fare, bensì sull'essere proattivi. Facciamo subito la cosa più importante, la prima e unica cosa, prima che si consumi la forza di volontà. Per ogni giornata abbiamo una risorsa limitata di forza di volontà, quindi scegliamo ciò che è più importante e destiniamogli tutta la nostra forza di volontà. Teniamo d'occhio il livello delle risorse. Per avere il massimo risultato dalla forza di volontà, il nostro cervello dev'essere alimentato al massimo, mangiamo e pensiamo quindi nel modo più sano. Organizziamo la nostra giornata secondo le priorità. Dedichiamoci a ciò che ha più importanza per prima cosa ogni giorno, quando la forza di volontà è al massimo. La forza di volontà non è sempre disponibile, ma se la utilizziamo per prima cosa su ciò che è importante, potremo contare su di essa. Facciamo sempre e solo una cosa alla volta perché il cervello riesce a concentrarsi meglio solo su una cosa alla volta. La maggior parte di ciò che vogliamo, proviene dalla minor parte di ciò che facciamo.

16. Indirizziamo energie e tempo verso la cosa più importante della nostra vita

Fare la cosa più importante è sempre la cosa giusta. Importante è fare la cosa giusta, non fare ogni cosa nel modo giusto. Una volta deciso che cosa è giusto, concediamoci tutto il tempo necessario e applichiamo tutta la disciplina che riusciamo a trovare in noi per raggiungere l'obbiettivo. Non facciamoci distrarre da ciò che è inutile e ci porta via energia e ci fa perdere tempo, questi sono i cosiddetti parassiti. Rimaniamo nel qui e ora e facciamo sempre la cosa giusta. Se facciamo la cosa giusta regolarmente, di conseguenza, tutto il resto risulterà più facile. È come essere trasportati dal dolce flusso della vita, tutto sembra accadere in modo armonioso e in modo inaspettato.

17. Cerchiamo di essere sempre presenti e consapevoli nelle situazioni

Qualsiasi cosa noi stiamo facendo, fermiamoci, facciamo un respiro profondo, tratteniamo il respiro per qualche secondo, facciamo uscire tutta quanta l'aria e riportiamo l'attenzione nel qui e ora. Prendiamoci il tempo di fare ogni cosa con consapevolezza. Quando siamo in piedi, siamo in piedi, quando siamo seduti, siamo seduti, quando leggiamo, leggiamo, quando respiriamo, respiriamo e non pensiamo ad altro, non facciamoci distrarre ma manteniamo lo stato di attenzione sempre nel presente. Per essere nel qui e ora e consapevoli di ogni atto, dovremmo essere radicati e centrati. Il focus dovrebbe essere messo regolarmente in ciò che facciamo sul momento senza farci distogliere dal continuo flusso dei pensieri. Tutto dovrebbe fluire in modo naturale, ognuno secondo il proprio ritmo e tempo.

18. Diamo importanza alle piccole cose

Lasciarsi meravigliare dalle piccole cose, rende la vita piena di bellezza e profondità. Spesso vogliamo fare grandi cose per sorprendere gli altri e perdiamo di vista ciò che potrebbe renderci più felici. Per raggiungere le grandi cose siamo molto impegnati nel voler impressionare gli altri e ci riteniamo molto importanti, ma non vediamo più ciò che accade veramente dentro e intorno a noi. Siamo coinvolti nei nostri pensieri. Siamo convinti che tutto giri intorno a noi. Una volta raggiunta la meta, ci rendiamo conto che non ci sta dando maggiore felicità. Avendo trascurato le piccole cose come ad esempio la nostra salute, i nostri veri amici, la natura e l'ambiente in cui viviamo, ci troviamo soli con la nostra grande cosa, la nostra grandezza, il nostro ego, il nostro successo. E dove ci ha portati? Ci ha allontanati dal nostro centro, il vero Sé, laddove fioriscono la saggezza e la beatitudine.

19. Mettiamo a fuoco i nostri pregi e mettiamoli a disposizione degli altri

Come capire quali sono i nostri pregi? Ognuno di noi ha almeno un talento, ma sta a noi scoprilo. Innanzitutto, chiediamoci che cosa sappiamo fare bene. Cominciamo a metterlo in pratica e vediamo che cosa succede. Da cosa nasce cosa. Osserviamo ciò che succede dentro e fuori di noi. Esploriamo il nostro mondo interiore che ci lancia dei segnali e input per andare avanti. Seguiamo questa vocina dentro di noi, la nostra intuizione che ci indica la strada. La coscienza sa cosa fare. Facciamo un passo alla volta ma siamone pienamente consapevoli. Lasciamo che la parte migliore di noi fiorisca e che venga messa a disposizione per il bene degli altri. Vedremo così che sarà apprezzata e accolta con gratitudine.

20. Semplifichiamo la vita

Per poter semplificare la vita dovremmo evitare tutto ciò che non ci serve per raggiungere la nostra meta, la realizzazione della felicità. Dovremmo imparare a discernere ciò che è meglio e importante per noi. Dovremmo liberarci da tutti i condizionamenti del passato che ci hanno fatto fare cose che non volevamo veramente, pertanto, non abbiamo vissuto la nostra vita ma quella consigliata dagli altri. Sganciamo le ancore del passato che ci tengono legati e liberiamo così l'energia per un futuro più in sintonia con noi stessi e il mondo. Semplificare la vita significa trovare la nostra libertà. Tutto ciò che non ha a che fare con i nostri pregi dovrebbe essere lasciato indietro.

Solo così potremo essere più leggeri e prendere il volo verso nuovi e più solari orizzonti.

21. Lasciamoci coccolare

Una volta trovata la giusta via nel qui e ora, rilassiamoci. Abbandoniamoci e lasciamoci coccolare con tutto ciò che ci può dare benessere psicofisico. La vita è pienezza e bellezza. Impariamo a prenderci cura di noi stessi e degli altri, siamo gentili. La gentilezza non è qualcosa che possiamo dare in cambio di qualcos'altro. Le persone credono che la gentilezza sia qualcosa di astratto. Essere gentili costa fatica. Ma un gesto gentile può cambiare completamente il valore di una giornata per qualsiasi persona. A volte sottovalutiamo il potere della gentilezza quindi, iniziamo a essere gentili con noi stessi e poi verso gli altri e tutto ciò che ci circonda. Semplicemente, scegliamo la via della gentilezza e facciamoci un bel bagno

di coccole.

Maria Theresia Bitterli

Master of Art in Counseling relazionale (Università Cusano di Roma) e Counselor immaginale diplomata con Selene Calloni Williams, Bachelor in scienza della comunicazione (USI), drammaterapista diplomata con Salvo Pitruzzella presso la scuola di Artiterapia di Lecco, formazione teatrale di base e diversi laboratori internazionali con Cristina Castrillo presso il Teatro delle radici, ha conseguito diverse tecniche teatrali e spettacoli con la piccola Commedia dell'arte, con Impro K13 e Keller 62 a Zurigo, lavoro teatrale con le maschere a Lucerna, ha frequentato corsi di psicodramma a Zurigo e in Toscana, corsi di improvvisazione teatrale presso il Teatro al gatto di Ascona, Teatro Dimitri di Verscio ed e.s. teatro di Lugano e un laboratorio teatrale Daughter con Jill Greenhalgh a Bellinzona, ha conseguito una formazione di musica improvvisata e concerti con Guy Bettini, ha partecipato a diversi workshop di canti armonici con Igor Ezendam e Gudrun Delin, canti spirituali/mantra e musica Zen con Dawio Bordoli, suona l'harmonium e l'arpa, è arteterapista, master Reiki, naturopata, channelor, medium e guaritrice della luce, insegnante di Yin Yoga (Yogi Ram), AuyrYoga diplomata (Remo Rittiner), Yesudian

(Sven Jansen) e Yoga sciamanico e costellazioni immaginali (Selene Calloni Williams), astrologa e lettura delle carte Lenormand e i tarocchi (40 anni di ricerca ed esperienza), ricercatrice spirituale, ha creato insieme a suo marito Dawio diverse tecniche di crescita personale e spirituale e insieme conducono diversi gruppi di attività per la crescita personale, spirituale. Ha pubblicato 28 libri.

Dawio Bordoli

Ha conseguito la formazione di insegnante di Yoga sciamanico e costellatore immaginale con Selene Calloni Williams, musicoterapista, suona la chitarra a 12 corde, ha composto diversi canti spirituali e musica Zen, è stato responsabile del gruppo Bhajan in Ticino del maestro spirituale Paramahamsa Sri Vishwananda, ha suonato per diversi centri di Yoga e privati, ha conseguito una formazione di musica improvvisata e concerti con Guy Bettini, ha partecipato a workshop di Rhiannon alla Fabbrica di Losone, master Reiki, channelor, ricercatore spirituale, ha creato, insieme a sua moglie Maria Theresia, diverse tecniche di crescita personale e spirituale e insieme conducono diversi gruppi per la crescita personale, spirituale e di Kirtan/Bhajan. Ha pubblicato 18 libri.

Ishvara

Essere infinito universale e impersonale, l'Assoluto, il Sé, il silenzio, l'eternità. È Assoluto ma anche la sua manifestazione. Infinite vite ha vissuto, vive, e vivrà, come tutte le onde dell'oceano. Come oceano non è separato dalle infinite onde. Non è separato da noi. È immanenza e trascendenza nel medesimo istante. Essere che conosce solo luce, solo unione, non conosce un voi e un noi, un io e un tu.

In questa manifestazione, una delle infinite, ci ricorda la via dell'essenza, la via della chiarezza diretta, che mira sempre dritta alla sorgente, la via che invita a realizzare quello spazio che precede la mente, quello spazio di silenzio, quello spazio senza spazio e tempo, di amore, unione, pienezza e pace infinita. Invita tutte le onde a realizzare di essere sempre state realizzate, di essere sempre state l'oceano, l'Assoluto, l'infinita pura coscienza universale e impersonale.

Nel glossario sanscrito (antica lingua dell'India) troviamo la seguente definizione di Ishvara: l'essere universale principio di ogni manifestazione.

A partire dalla Bhagavadgita, Ishvara diviene il titolo del "Dio supremo" e così verrà utilizzato, nel periodo post-vedico, per riassumere i differenti nomi delle divinità.

Presso la religione induista, Īśvara (dal sanscrito ईश्वर, "Signore, controllore"), o Ishvara (secondo una diffusa grafia anglosassone), chiamato anche Īśvara Deva o anche Parameśvara ("Signore Supremo"), è un concetto filosofico che indica l'aspetto personale di Dio (il cui aspetto impersonale e senza forma o attributi è invece chiamato Brahman). Ishvara è il Demiurgo o il Logos personificato, la Coscienza Assoluta del Brahman, il Signore della manifestazione che controlla e sostiene il Creato, o il Nous, la Mente Cosmica, Colui che provvede alla creazione dei mondi, al loro mantenimento e alla loro dissoluzione. In questo senso Īśvara può essere identificato con le tre Persone della Trimurti (Brahmā, Viṣṇu, Śiva), in quanto assomma in sé le principali funzioni delle tre divinità supreme induiste, spesso adorate come un'unica entità. Īśvara è l'aspetto personale e monoteistico di Dio, adorato presso le maggiori religioni mondiali, che per amore dell'uomo si incarna e si rivela sotto nomi e forme diverse.

Ishvara è il supremo Jīva, l'Anima Suprema, piena di consapevolezza, trascendente alle illusioni di questo mondo. Īśvara è il Saguna Brahman, il Dio con forme ed attributi, perfetto, onnisciente, onnipotente e onnipervadente.

Ishvara ha contattato per la prima volta Therry e Dawio il 29 giugno 2017 alle ore 16.00 per dare degli insegnamenti a coloro che glieli richiederanno. Tutti i suoi insegnamenti sono stati pubblicati. Dal 25 luglio 2015 Therry e Dawio stanno vivendo continuamente diverse benedizioni e miracoli di ogni genere come ad esempio materializzazioni di Vibhuti, Amrita, Lingham, channeling, visioni, psicocinesi, chiaroveggenza e chiaroudienza nonché diversi altri fenomeni paranormali.

LIBERTÀ - LUCE - AMORE

www.ishvaraholisticcenter.com